John Stuart Mill
& a Liberdade

Coleção **PASSO-A-PASSO**

CIÊNCIAS SOCIAIS PASSO-A-PASSO
Direção: Celso Castro

FILOSOFIA PASSO-A-PASSO
Direção: Denis L. Rosenfield

PSICANÁLISE PASSO-A-PASSO
Direção: Marco Antonio Coutinho Jorge

Ver lista de títulos no final do volume

Mauro Cardoso Simões

John Stuart Mill & a Liberdade

ZAHAR

Capa
Sérgio Campante

CIP-Brasil. Catalogação na fonte
Sindicato Nacional dos Editores de Livros, RJ

Simões, Mauro Cardoso
S612j John Stuart Mill & a liberdade / Mauro Simões. — 1ª ed. — Rio de Janeiro: Zahar, 2008.
(Passo-a-passo; 84)

Inclui bibliografia
ISBN 978-85-378-0088-1

1. Mill, John Stuart, 1806-1873. 2. Liberdade. I. Título. II. Série.

CDD: 323.44
08-2412 CDU: 342.721

EDITORA SCHWARCZ S.A.
Praça Floriano, 19, sala 3001 — Cinelândia
20031-050 — Rio de Janeiro — RJ
Telefone: (21) 3993-7510
www.companhiadasletras.com.br
www.blogdacompanhia.com.br
facebook.com/editorazahar
instagram.com/editorazahar
twitter.com/editorazahar

FSC
www.fsc.org
MISTO
Apoiando o manejo florestal responsável
FSC® C128038

A marca FSC® é a garantia de que a madeira utilizada na fabricação do papel deste livro provém de florestas que foram gerenciadas de maneira ambientalmente correta, socialmente justa e economicamente viável, além de outras fontes de origem controlada.

Esta obra foi composta por TopTextos Edições Gráficas em Minion e Frutiger e impressa em processo sob demanda pela Um Livro sobre papel offset para a Editora Schwarcz a partir de 2024.

Sumário

Introdução 7

Sobre a liberdade 16

Autonomia 37

Seleção de textos 47

Cronologia 51

Leituras recomendadas 53

Sobre o autor 56

Introdução

Filho de um inimigo feroz do despotismo político e religioso, mas também do conformismo intelectual, John Stuart Mill foi educado, ainda na infância, segundo um espírito liberal bastante crítico em relação à ordem conformista estabelecida. Desde a mais tenra idade ganhou uma aguda consciência da importância da liberdade para a busca da felicidade humana. A esta consciência se adicionou, mais tarde, um forte sentimento de responsabilidade de um cidadão filósofo que, como Sócrates e Platão, deve iluminar seus companheiros.

John Stuart Mill nasceu em Londres no dia 20 de maio de 1806, no início do século XIX, tendo sido submetido desde a primeira parte de sua vida a um raro esquema de formação, sendo que sua educação constitui uma experiência que merece destaque. Seu pai, James Mill (1773-1836) – filho de um comerciante escocês –, foi um filósofo humiano, amigo íntimo de Jeremy Bentham e David Ricardo e, ainda, um dos defensores convictos da extensão da educação para as faixas etárias menos avançadas e um dos mais vigorosos advogados da liberdade de imprensa.

James Mill possuía idéias que combinavam regras a serem seguidas para desenvolver a inteligência e a formação do caráter nas crianças. Estas idéias foram decisivas para o tipo de educação ou processo de formação que seria aplicado a John Stuart Mill, que nunca iria à escola e jamais se tornaria um estudante universitário. Seu pai via o sistema inglês como uma perda de tempo e uma perigosa fonte de decadência e conformismo. Desde a infância, John Stuart Mill recebeu uma formação compatível com uma carreira de pensador radical e subversivo: com a idade de três anos aprendeu grego; aos oito anos já tinha lido, no original, *Ciropédia*, de Heródoto, *As memoráveis de Sócrates*, de Xenofonte, algumas vidas de filósofos escritas por Diógenes Laércio, parte de *Luciano* e o *Discurso a Demonico* e o *Discurso a Nícocles*, ambos de Isócrates, seis diálogos de Platão, entre outros. Nesse mesmo período começa a aprender latim.

Dos oito aos 12 anos, ele leu quase todos os latinos: Virgílio, Horácio, Fedro, Tito Lívio, Salústio, Ovídio, Terêncio, Cícero, Lucrécio. Dos gregos leu: Homero, Sófocles, Eurípides, Aristófanes, Xenofonte, Demóstenes, Políbio. Fez, ainda, quadros sinóticos da *Retórica*, de Aristóteles, aprendeu álgebra e geometria elementar, tendo adquirido noções de cálculo diferencial.

Em seguida passa para a leitura de historiadores célebres, como Robertson, Hume, Gibbon, Hook, Rollin e outros. A história sempre foi sua leitura favorita, sendo também atentamente observada por seu pai. Assim, quando Mill lia a *História da Grécia*, de Mitford, seu pai alertava-o "para ter cuidado com os preconceitos conservadores" deste autor. Segundo Mill, o pai o advertia de que Mitford "deturpava os fatos para reabilitar déspotas e difamar instituições populares".

Entre os 11 e os 12 anos, John Stuart Mill compôs uma história do governo romano: discutiu questões constitucionais e tomou o lado dos democratas de Roma. Este desvio do jovem Mill para o lado da população contra os tiranos foi o resultado das explicações e das idéias que seu pai lhe forneceu sobre a civilização, os governos, a moralidade e a cultura intelectual.

Aos 12 anos ele abordou as operações do pensamento; aos 13 fez um estudo completo da economia política e redigiu pequenos resumos sobre a obra de Ricardo; e, mais tarde, um trabalho em que criticava Adam Smith, procurando o que havia de falacioso ou de errôneo em suas conclusões.

A educação que James Mill proporcionou a seu filho era resultado da psicologia na qual acreditava, mas era também o símbolo de uma obsessão pela educação característica do início do século XIX, quando se acreditava poder curar o mundo de todos os seus males e imperfeições; uma obsessão já bem enraizada em Thomas Hobbes, um dos precursores dos utilitaristas, para o qual o homem é egoísta por natureza. Os valores altruístas e humanistas podem se impregnar na consciência do indivíduo, para reduzir seu egoísmo, a partir de uma educação rigorosa e de uma conduta racional. A determinação do pai é auxiliar no desenvolvimento das faculdades do filho para além dos limites convencionais e em um ritmo extraordinário. John Stuart Mill aprovou este método em sua *Autobiografia* e se sentiu grato durante toda a sua vida por ter sido submetido a essa cultura intensiva.

Para James Mill o objetivo era claro: estava preparando o filho para uma carreira de propagandista do utilitarismo, o que ele e seu amigo Bentham já haviam começado. O pai não ficou desapontado com o resultado. Até 1836 – apesar de sua crise mental de 1826 – John Stuart Mill não se oporia abertamente ao utilitarismo de seus dois mestres. Em 1833, seus dois artigos críticos sobre seu pai e Bentham saíram anonimamente, como um apêndice à obra de Bulwer-Lytton, *England and the English*.

No entanto, mesmo tendo defendido o benthamismo com fervor, John Stuart Mill não foi, como muitas vezes se acusa, uma simples *cópia* ou um *produto* de seu pai. E a falta de justiça para com pai e filho ainda continua a insistir em eliminar a originalidade do primeiro como educador e a tenacidade como estudante do segundo.

John Stuart Mill tinha 14 anos quando a educação dada por seu pai teve fim: uma educação estritamente racional, liderada por um espírito rebelde que desejava um racionalismo ético em oposição ao conformismo moral e religioso, ao despotismo reinante e pela liberdade. Esta é a educação subversiva que decidirá o resto da vida de nosso filósofo.

No inverno entre os anos de 1822 e 1823, com o seu regresso à Inglaterra – após uma estada na França –, o jovem Mill lê *Tratado da legislação*, de Jeremy Bentham, convertendo-se à filosofia da utilidade e fundando com alguns amigos uma "sociedade utilitarista", em que irá assumir um papel de liderança. Nestes anos começa sua carreira de propagandista do radicalismo utilitarista. Em 1823 envia cinco cartas assinadas com o pseudônimo Wickliffe ao jornal *Morning Chronicle* e intituladas "A livre discussão". Nestas cartas Mill defende a liberdade de expressão e discussão contra a tirania religiosa e política. Três delas foram publicadas; as outras duas, consideradas pelo jornal como sendo muito perigosas, jamais o seriam.

Depois, os artigos surgiram em grande número e foram alimentados por uma militância dinâmica e engajada em favor de uma mudança radical das instituições aristocráticas e do espírito que as regia. Ele projetava ver estas instituições serem substituídas por outras, democráticas, baseadas nos princípios da liberdade e da justiça, para obter a felicidade da maioria. Estas idéias não eram, no entanto, de fato suas. Elas faziam parte do sistema filosófico de Bentham, que seduziu John Stuart Mill pelo caráter completo de sua reflexão radical.

Em sua "sociedade utilitarista", com seus amigos, ele propõe como modelo a ser imitado os filósofos franceses do século XVIII, aqueles que, com suas críticas radicais à ordem social, política e religiosa, traçam o caminho da liberdade e preparam o advento da Revolução Francesa. O círculo do jovem Mill não estava preparado para tal. Portanto, a tarefa que John Stuart Mill tinha proposto era a de se colocar a questão da liberdade e da reforma no primeiro plano de seus compatriotas com espírito conservador.

Sua adesão total ao utilitarismo de Bentham não resistirá por muito tempo. Por volta do ano de 1824, quando lê a biografia de Turgot escrita por Condorcet, John Stuart

Mill, o utilitarista do cálculo racionalista e frio, e avesso à educação vinculada ao sentimento, foi curado de qualquer sectarismo. A leitura desta obra desperta nele um entusiasmo inigualável. A energia que o líder possui para fazer da sociedade utilitarista uma escola e do utilitarismo uma religião se estagna. Como no caso de Turgot, Mill começa a considerar nocivo qualquer sectarismo e renuncia a dar a si e aos outros o nome de utilitarista. Esta é a primeira grande "revolução" nas idéias de John Stuart Mill. É também o início de um longo combate contra o absolutismo.

Em 1826, a "sociedade utilitarista" se dissolve e é substituída por uma sociedade de discussão (*debating society*), aberta a todas as tendências. John Stuart Mill será posto em contato com os socialistas owenistas e os românticos coleridgianos e despertará para as duas questões fundamentais que o utilitarismo de Bentham fez passar em silêncio ou desprezou: a questão da justiça social face aos valores liberais egoístas; e a do sentimento face à sequidão e à insuficiência da frieza racional utilitarista.

John Stuart Mill começou a desconfiar da filosofia sobre a qual repousava toda a sua educação. Ele se sentia cada vez mais distante da doutrina utilitarista de James Mill e de Jeremy Bentham. Este descontentamento resultará, no outono de 1826, em uma profunda e chocante crise psicológica. Chega a se perguntar se poderia continuar vivendo. A leitura das *Memórias*, de Marmontel, e da poesia de Wordsworth salva-o de seu tormento, o que faz com que recupere o desejo de viver.

Sem negar que a felicidade é o alvo de todas as condutas e o propósito da vida, ele aprendeu que a única forma de alcançá-la já não seria colocando-a como objetivo direto da existência. Além disso, mantém o cultivo dos sentimentos como um dos pontos cardinais de sua crença moral e filosófica. Sem rejeitar a filosofia utilitarista, ele a critica, enriquece-a e a torna flexível, abrindo portas para outras correntes diferentes e, por vezes, opostas.

Em 1830, John Stuart Mill, com 24 anos, conhece Harriet Taylor – que exercerá sobre ele uma influência considerável, e com quem se casará 20 anos mais tarde. A proximidade e a possível influência de Harriet sobre Mill serão analisadas mais adiante, por isso não nos deteremos aqui na relação dos dois.

Durante os anos 1830 inicia o seu progressivo afastamento do benthamismo. Em sua correspondência com Carlyle, critica Bentham e James Mill, "encontra" Alexis de Tocqueville e se entusiasma com seu ensaio *A democracia na América*, antes de iniciar uma longa correspondência com Auguste Comte. É a partir de 1840 que John Stuart Mill começará a publicar seus principais ensaios. O primeiro será seu *Sistema de lógica dedutiva e indutiva*, de 1843, livro em que lançou as bases da etologia e consagrou todo um capítulo à discussão do problema espinhoso da "natureza e da necessidade". Cinco anos depois publica *Princípios da economia política*, obra na qual mostra uma proximidade com um certo socialismo e em que sua defesa do princípio liberal – o *laissez-faire* – aparece mitigada. Contrariamente a todos os economistas, Mill pensa que o "Estado estacionário" é desejável. A liberdade econômica não seria sinônimo de um curso desenfreado de produção e acumulação das riquezas, no qual o mercado é o único regulador. Mas, como a liberdade política, ela se justifica pelo cumprimento de promessas: a criatividade e a felicidade que suscita nos indivíduos.

À causa da liberdade John Stuart Mill não consagrará tão-somente sua carreira de filósofo, mas também sua vida de cidadão responsável. O militante e pensador da liberdade será eleito, em 1867, deputado de Westminster para a Câmara dos Comuns como candidato radical. Aproveitará essa ocasião para defender causas que lhe eram muito caras, em particular o sufrágio feminino, as reformas institucional e constitucional, e a causa da Irlanda.

Quando morre, no dia 7 de maio de 1873, em Avignon, na França, John Stuart Mill já havia realizado sua missão de defensor da liberdade. Sua integridade fez dele um homem aberto e flexível. Apesar de ter vivido em um século onde se respirava a sistematização e estavam em seu auge Marx, Hegel, Comte, Saint-Simon e tantos outros, não será encontrado na mente de nosso filósofo nenhum traço de reflexão sistemática. Esta abertura de espírito fez de sua originalidade sua força e, muitas vezes, de sua ingenuidade sua fraqueza. As múltiplas exceções a seus princípios podem dar a impressão, a um leitor impaciente, de serem contradições no pensamento do filósofo e de haver incompatibilidade entre as idéias que defende e o credo utilitarista.

Em 1859 Mill publicará *A Liberdade*, "um texto filosófico em que é exposta uma única verdade ... a importância que representa, para o homem e a sociedade, a existência de uma grande variedade de tipos de caráter e a plena liberdade para que a natureza humana possa se expandir em direções inumeráveis e opostas", no qual delineará sua doutrina da liberdade em resposta aos "projetos libertários dos reformadores de seu tempo, Comte em particular". Segundo Mill, o princípio da liberdade é um princípio muito simples e "absoluto". Para ele, *A Liberdade* é o melhor de todos os seus ensaios. Ele foi ponderado e cuidadosamente composto. Para muitos críticos, no entanto, é um texto repleto de incoerências – não causar danos a terceiros seria uma regra ambígua, frágil e contraditória. O conceito de individualidade seria francamente antiutilitarista, conforme defendem Robert Paul Wolff e John Plamenatz. Para outros, o liberalismo de *A Liberdade* é, ao contrário, uma impostura: uma apologia mascarada à tirania e à vontade do mais forte. Há quem alegue que *A Liberdade* revela um "outro Mill", extravagante, totalmente diferente do Mill de outras obras, moderado e mais prudente. Já a obra *Utilitarismo* foi publicada em três partes na *Fraser's Magazine*, em 1861, antes de se converter em livro no ano de 1863. Para compreender o desenvolvimento da produção intelectual de Mill, remeto o leitor à sua *Autobiografia*. *Utilitarismo* é um pequeno ensaio que visa fundamentar a tese de que os seres humanos nasceram para alcançar a felicidade, alvo supremo segundo a escola utilitarista como um todo. Mill, no entanto, modifica drasticamente a forma como a felicidade é concebida. Para ele, a felicidade não pode ser alcançada diretamente e resulta de um arranjo complexo entre somas de prazeres que são difíceis de serem alcançados por indivíduos que não utilizem a racionalidade como um suporte. O cultivo dos sentimentos também é levado em consideração no cálculo de Mill. Isso, aliás, foi o motivo de seu afastamento das teses defendidas por Bentham e James Mill, seu pai.

Tendo *A Liberdade* como referência essencial, as reflexões aqui apresentadas terão como objetivo uma apresentação das idéias de Mill e visam responder às questões que dividem tanto os defensores quanto os opositores de Mill, a saber: é o princípio da liberdade civil simples e absoluto como pensou seu autor? Qual o alcance do princípio da liberdade? É Mill um defensor do paternalismo ou da interferência do Estado e da sociedade na vida privada dos indivíduos, ainda que seja para o seu bem?

Sobre a liberdade

Em sua *Autobiografia* Mill descreve *A Liberdade* como um texto filosófico no qual é exposta uma "única verdade", obra que, a seu ver, permanecerá viva com o passar do tempo, tamanha a dedicação com que foi elaborada e pela verdade que defende.

Planejada e escrita em janeiro de 1854, a obra *A Liberdade* foi publicada em 1859 e representa um verdadeiro aprofundamento das reflexões em que tinha se detido o jovem Mill, estipulando, decisivamente, os propósitos a que se dedicará o filósofo britânico.

O objetivo desta obra de Mill é propor um princípio que seja capaz de regular as relações entre os indivíduos e a sociedade (princípio que, segundo o próprio Mill, está fundado na utilidade, critério absoluto de todas as questões éticas) e que, de acordo com Mill, busca analisar os efeitos nocivos da interferência que o Estado e a sociedade exercem na esfera de ação individual. Para isso, Mill determina desde o início de seu ensaio os traços que delimitarão sua defesa da proteção da liberdade.

Já no início de seu texto ele diz:

> O objeto deste ensaio é defender *um princípio muito simples*, capaz de reger *absolutamente* as relações da sociedade com o indivíduo no que se refere à compulsão e ao controle, quer os meios utilizados sejam os da força física sob a forma de penalidades legais, quer seja a coerção moral da opinião pública. Este princípio consiste em que a única finalidade pela qual se garante à humanidade, individual ou coletivamente, interferir na liberdade de ação de qualquer um de seus membros é a autoproteção (grifo nosso).

Desde sua publicação, *A Liberdade* suscitou debates em torno de sua proposta filosófica, dos quais se podem citar duas categorias de críticos. O primeiro grupo de críticos procurou apontar as discrepâncias presentes na obra milleana. Comparando *A Liberdade* com outras obras, destacaram as incongruências e as incompatibilidades das teses apresentadas, bem como assinalaram um ecletismo que o situava longe do utilitarismo. A interpretação de Gertrud Himmelfarb chega ao ponto de dizer que existem dois Mill: o autor de *A Liberdade* e um outro Mill, tamanha a diferença encontrada no modo de tratar os problemas a que se dedica. Ainda segundo Himmelfarb, a influência de Harriet Taylor, sua esposa na época da publicação de *A Liberdade*, pode ser sentida profundamente nos escritos de Mill, sendo as idéias defendidas na obra mais resultado da reflexão de Harriet do que do próprio Mill.

O segundo grupo de críticos de Mill afirma a inconsistência intrínseca da obra *Utilitarismo* na medida em que a liberdade não é considerada um valor inerente ao sistema utilitarista. Esta tese é defendida por James Fitzjames Stephen, em sua obra *Liberty, Equality, Fraternity*.

A partir dos anos 1960, um número considerável de estudiosos apontou que os opositores de Mill estavam, na verdade, contrapondo o princípio da liberdade individual a uma concepção grosseira do utilitarismo, o que não faria jus à forma sofisticada com que Mill reformula o utilitarismo de Bentham.

Esta interpretação é geralmente considerada revisionista por enfrentar a controvérsia com a mordacidade crítica anteriormente citada, procurando restituir as relações entre o princípio da liberdade e da utilidade, destacando sua originalidade, bem como a complexidade e relevância dos temas tratados por Mill.

Conforme afirmei, a proposta de Mill está longe de ser simples, como o próprio havia pensado. Ao delimitar o alcance da interferência legítima da sociedade sobre seus membros, Mill tem em vista uma fundamentação distinta daquela ofertada pelos contratualistas (tais como Locke, Hobbes e Rousseau) para tal intromissão na esfera privada dos indivíduos, dado que estes parecem pleitear uma espécie de intuição das cláusulas que tornam possível o contrato e requerer um comprometimento antecipado para com os direitos que o contrato social visa justificar. Ele pleiteia a mais ampla liberdade individual, apontando uma área ao redor do indivíduo em que nem a sociedade nem o Estado estão autorizados a agir. Esta esfera de ação Mill denomina *princípio do dano*, ou seja, o indivíduo tem "total" liberdade de ação desde que as conseqüências da mesma não levem a uma interferência na área de ação igualmente livre dos demais indivíduos. Tal intromissão é qualificada por Mill como dano a terceiros. Neste sentido, "o único propósito para se exercer poder sobre qualquer membro de uma comunidade civilizada, contra sua vontade, é evitar dano a outrem". Cabe ressaltar que o simples princípio do dano não garante a interferência na liberdade individual, pois existiriam dois danos distintos: os *danos a terceiros* e os *danos auto-referentes*. Por se tratar da esfera individual e de se enfatizarem ações que afetam tão-somente o agente, o dano auto-referente não pode sofrer interferência legítima. Sendo assim, a única opção que resta para que o Estado e a sociedade possam agir sobre a individualidade se caracteriza pela presença do dano a terceiros.

O princípio do dano ainda se caracteriza por dois matizes, igualmente significativos: o primeiro justificaria a restrição da liberdade de uma pessoa no sentido de impedir o dano a outros indivíduos, e pode, por isso, ser denominado "o princípio do dano privado". O segundo pode ser invocado para justificar a coerção pela razão específica de que é necessário impedir o enfraquecimento das práticas institucionais e dos sistemas normativos de interesse público; pode, assim, ser chamado de "o princípio do dano público".

Mill, ao elaborar o princípio do dano, está, na verdade, apresentando seu comprometimento com os "direitos" individuais que estão embutidos no mesmo princípio e que representam uma noção altamente significativa da existência humana. Este valor, o da liberdade individual, além de ser intrínseco, para Mill, era um instrumento valioso para a promoção da utilidade geral. Cabe ressaltar que Mill justifica direitos no sentido do bem que provém do reconhecimento de certas titularidades ou da imposição de certas restrições sobre a conduta das pessoas.

O princípio do dano ainda propõe que somente ações que afetem terceiros podem sofrer legitimamente a interferência, ou seja, ações que tenham efeito auto-referente, que se voltem para o próprio agente, estariam imunes a qualquer tipo de invasão por parte dos demais. Sendo assim, o princípio da liberdade pressupõe que seja possível identificar uma *self-regarding area*, vale dizer, uma esfera de ações auto-referentes que, por concernir tão-somente ao próprio agente, deveria permanecer imune a uma interferência coativa do Estado, livre de qualquer ingerência da sociedade. A distinção entre as ações que só têm relação com o próprio indivíduo e as ações que afetam terceiros continua sendo um tema controverso e alvo de inúmeras críticas, sendo que muitos consideram difícil qualificar tal distinção.

O caminho para a solução desse problema seria a alegação de que os indivíduos são sempre melhores juízes de seus próprios interesses do que do interesse dos outros. (Note-se aqui que Mill acaba inserindo a noção de *interesse*, o que, a seu ver, facilitaria a discussão sobre os limites das ações que tenham a ver com o indivíduo e aquelas que poderiam gerar resultados positivos ou negativos a terceiros.) Logo, ainda que o indivíduo possua preocupações com os *interesses* de terceiros, poder-se-ia, segundo Mill, afirmar que o mesmo se preocupa ainda mais com os seus próprios interesses, sendo que o conhecimento que possui destes, em comparação com os demais, é suficiente para se dizer que seria melhor deixá-lo livre para concretizar seus planos.

Mill reivindica, ainda, um direito à liberdade, que se trata mais de um direito moral do que propriamente um direito político, visto que estabelece limites à conduta da sociedade e dos indivíduos dela integrantes, assim como à do Estado. Este direito moral não é cedido pelos indivíduos quando ingressam na sociedade civil, efetuando uma transição do estado de natureza para o Estado civil, como diria Jean-Jacques Rousseau. Como se analisa aqui, o direito à liberdade encontra sustentação nos princípios utilitaristas, sendo que Mill considera a utilidade "como a solução última de todas as questões éticas; devendo-se entendê-la, porém, em seu sentido amplo, fundamentado nos interesses permanentes do homem como um ser de progresso".

Isso significava, para Mill, respeitar o princípio do dano, pois o que é do interesse do homem tem de ser descoberto pela ciência, sendo a liberdade fundamental nesse empreendimento. Neste sentido, a "promoção da liberdade individual é o caminho mais seguro para a expansão do conhecimento e este, por sua vez, é vital para o progresso utilitarista".

A doutrina da liberdade que Mill propõe não parece ser simples nem consistir em um único princípio. Segundo o primeiro parágrafo do terceiro capítulo de *A Liberdade*, Mill afirma: "... as razões que tornam imperativo os seres humanos serem livres para formar suas opiniões e para exprimi-las sem reservas" e que os homens devem ser "... livres para agir segundo as opiniões – para colocá-las em prática, na sua vida, sem obstáculo, físico ou moral, da parte de seus semelhantes, enquanto o façam por sua própria conta e risco". Imediatamente depois de anunciar seu princípio, Mill começa a desenhar o seu contorno, a apontar as exceções, a legitimar as intervenções e a multiplicar as aplicações em que o princípio corre o risco de entrar em contradição. Uma vez destacado o programa do ensaio, a demarcação entre a liberdade individual e o domínio de competência da sociedade sobre o indivíduo, Mill ressalta que a tarefa do ensaio é complexa e difícil, apresentando, no entanto, uma solução perfeita e *absoluta*, em que o contraste é forte e cede lugar a interrogações sobre aquilo em que os críticos estão fundamentalmente de acordo. Como é possível arbitrar de maneira *absolutamente* eqüitativa por meio de um princípio simples e geral um número ilimitado de casos, diversos, complexos e relativos, ou os interesses do indivíduo e da sociedade sem que haja conflitos? Como é possível indicar a fronteira entre o que concerne somente ao indivíduo e o que concerne a terceiros, duas regiões nas quais a definição está sujeita a múltiplas circunstâncias, e um limite no qual a concretização é impossível, se não extremamente difícil?

Mill não aponta nenhuma resposta a estas questões no segundo capítulo, consagrado à *liberdade de expressão*, e isso por uma razão muito simples: Mill considera esta liberdade como absoluta. Conseqüentemente, o problema do limite não ocorre para se postular tal existência, ou seja, nada deve proibir a expressão de uma opinião, mesmo aquela que se presume falsa ou imoral. Ao longo do segundo capítulo, Mill se esforçará por demonstrar a necessidade, para o bem geral da humanidade, da liberdade de pensamento e expressão. E é somente no início do terceiro capítulo, sobre a *liberdade de ação* e desenvolvimento da individualidade, que Mill, retornando ao tema, afirma que a liberdade de ação, ainda que seja "um dos principais ingredientes da felicidade humana, é, em todo o caso, o ingrediente mais essencial do progresso individual e social", comportando conseqüências deploráveis quando nenhum limite lhe é atribuído. Este limite não é, no entanto, explicado por Mill, que o formula, entretanto, do seguinte modo: "A liberdade do indivíduo deve ser, assim, limitada; ele não deve se tornar nocivo a outras pessoas."

No entanto, se Mill insiste sobre a demonstração do valor desse bem superior que é a liberdade humana e lhe consagra dois terços de seu *Ensaio* não é simplesmente porque seu amor à liberdade o faz se esquecer de discutir as possíveis limitações de sua defesa. Mill está engajado na introdução de *A Liberdade* em fazer da questão do limite da liberdade o objeto principal de seu ensaio.

"Quais são, então, os justos limites à soberania do indivíduo sobre si mesmo? Onde começa a autoridade da sociedade? Quanto de vida humana se deve atribuir à individualidade e quanto à sociedade?" É assim que Mill inicia o quarto capítulo de seu ensaio.

À primeira vista, estas questões postulam a existência de duas regiões independentes, a saber: a *individualidade* de um lado e a *sociedade* de outro. Isso poderia servir de prova às diferentes reprovações críticas feitas a Mill, as quais alegam uma possível concepção redutivista das relações socioindividuais, que, na realidade, são muito complexas e inter-relacionais. Mas, ao se confrontarem os textos de *A Liberdade*, esta primeira impressão não pode se justificar porque o "princípio muito simples" de Mill não visa traçar um limite entre dois blocos completamente distintos: o individual, de uma parte, e o social, de outra. Ele se destina, pois, a indicar o campo de ação que concerne "de maneira mais particular ao indivíduo" e que, na forma juridica, é independente do que "interessa principalmente à sociedade".

Essa precisão é essencial e permite denominar três categorias de ações individuais, segundo Mill. A primeira seria a das ações que concernem ao agente mesmo; a segunda, das ações que concernem mais particularmente a terceiros; e a terceira, uma esfera de ação pela qual a sociedade, em contraposição ao indivíduo, somente possui um interesse indireto, se é que o possui.

A partir destas considerações podemos destacar quatro pontos essenciais nos quais a individualidade e seus limites estão fundados. *Primeiro*: cada indivíduo tem o direito de desenvolver seu próprio "plano de vida"; *segundo*, em virtude desta proteção que a sociedade lhe fornece, cada indivíduo possui a obrigação de não interferir nos direitos legais dos demais; *terceiro*, o indivíduo "pode" prejudicar diferentemente os demais; e, conseqüentemente, *quarto*: a cada gênero de dano corresponde uma punição apropriada. Deste modo, a equação indivíduo-sociedade se reequilibra.

Sendo assim, a expressão "interesses de outros" não é vaga, sendo útil para compreender os controles que afetam cada conduta individual, que se distingue da conduta ordinária segundo uma concepção majoritária. Auxilia, ainda, na constituição dos direitos que as leis se encarregam de definir. Invadir os direitos de outros é, sobretudo, "... infligir-lhes perdas e danos que seus direitos próprios não justificam, falsidade e duplicidade ao haver-se com eles, uso injusto ou mesquinho de vantagens em detrimento deles, mesmo a abstenção egoísta de defendê-los contra ofensas ...". Isto é o que Mill resume com as palavras "causar dano 'diretamente' aos outros".

Se aceitarmos uma dessas definições de ações, diretamente nocivas a terceiros, devemos aceitar também os dois pontos fundamentais que delas acabam resultando: alguém pode não considerar como diretamente nocivas e, portanto, tampouco puníveis, as ações que provocam nos outros um sentimento de aversão ou ressentimento. Mas, uma vez que existam indivíduos dispostos a elaborar seu próprio plano de vida se destacando num conjunto uniforme da opinião pública, teremos uma rara e necessária classe de sujeitos geniais – indivíduos que são originais em sua forma de raciocinar e de agir.

Por "originalidade" Mill não entende simplesmente a descoberta de verdades novas, mas também de práticas e de modos novos de vida. Estes são, com efeito, alguns dos fins a que a liberdade de ação ou a cultura da individualidade estão direcionadas. Entretanto, Mill defende que a originalidade não pode ser esperada da maioria das pessoas. De fato, Mill assevera que "... em comparação com o restante da humanidade, são poucas as pessoas cujas experiências, se adotadas por outras, poderiam representar algum progresso na prática estabelecida. Essas poucas, porém, são o sal da terra; sem elas, a vida humana se tornaria um lago estagnado". Esses são os espíritos originais e criativos que Mill chama de "homens de gênio".

A maioria dos homens, assinala Mill, concede pouca relevância ao gênio. Eles pensam que é algo bonito tornar possível a alguém "escrever um poema ou pintar um quadro", mas não concebem o gênio em termos de "originalidade de pensamento e de ação", acreditando que "podem muito bem passar sem ele". A esse tipo de gênio, todos são hostis. E aqui Mill retorna a um dos temas do primeiro capítulo, isto é, a "opinião pública" que dirige e domina toda a sociedade. Adiante ele descreve a opinião pública como um obstáculo à liberdade e à individualidade, e agora a apresenta como a mais terrível inimiga da originalidade do gênio, sendo que "... seja qual for a homenagem que se manifeste ou mesmo se preste à real ou suposta superioridade mental, a tendência em todo o mundo é promover a mediocridade ...". A opinião pública impera em toda parte do mundo, mesmo quando não influencia do mesmo modo os posicionamentos individuais e é sempre reflexo ou tem as características da "massa", ou seja, "da mediocridade coletiva".

O gênio é, então, para Mill, o objeto de uma solicitude especial, sendo especialmente a individualidade do gênio que ele mais apreciou. Mas, como o gênio não pode florescer sem uma "atmosfera de liberdade", todos devem ter o mesmo direito ao mesmo grau de liberdade, sendo que a individualidade, identificada com o gênio, é, segundo Mill, um ideal acessível a todos. Conseqüentemente, não se trata, para Mill, de um conceito elitista. Ele pensa que só uma minoria instruída é capaz de inventar novas práticas e novas formas de vida. Mill tem em vista que a este homem não cabe, entretanto, forçar os homens ignorantes a realizar suas individualidades, pois isto seria pura contradição. Sendo assim, "o poder de compelir outros a esse caminho não apenas é incompatível com a liberdade e o desenvolvimento dos demais, como ainda corrompe o próprio homem forte". Mesmo com a genialidade como uma proposta ousada por parte de Mill, como ficaria a relação com a sociedade civil, que por meio de leis e da opinião pública defende seu modo de vida? A resposta a essa pergunta pode ser esclarecida pela compreensão de duas idéias fundamentais: a liberdade negativa e a liberdade positiva.

Ao contrário do que pensa a maior parte dos intérpretes da obra de Mill, a liberdade negativa não é, certamente, mais que uma parte da concepção da liberdade segundo Mill. Em um texto datado de 1824, bem anterior a *A Liberdade*, Mill define duas áreas da liberdade, "*freedom*" e "*liberty*". Na primeira, a liberdade é "natural", sem leis nem padrões. Na segunda, ela é "política", institucionalizada e racionalizada. A liberdade (*liberty*) em seu sentido original significa ausência de todo constrangimento. Neste sentido, toda lei, mas também toda regra moral, é contrária à liberdade. Quando Mill emprega o termo "*freedom*" ou o termo "*liberty*" em seu ensaio *A Liberdade*, ele os utiliza segundo o sentido comum que foi dado pela tradição empirista inglesa, representada notadamente por Hobbes, Locke e Bentham. Neste uso, freqüentemente considera como o primeiro sentido da liberdade os impulsos e os desejos do homem concebidos como dados, e o que está em questão é saber das restrições que podem impedir sua realização. A liberdade é, escreve Mill, "agir à nossa própria maneira". Esta é a prova de que a liberdade, para Mill, não pode ser comprometida pela parte exterior. O objeto de seu ensaio, explica ele, é "... sustentar um princípio bastante simples, capaz de governar absolutamente as relações da sociedade com o indivíduo no que diz respeito à compulsão e ao controle, quer os meios empregados sejam os da força física sob a forma de penalidades legais, quer a coerção moral da opinião pública". Assim, uma pessoa não é livre para fazer o que deseja quando sanções são feitas em oposição a ela, e quando essas sanções tomam a forma de uma interdição legal ou de uma condenação moral, sustentada por uma "tirania da opinião e de sentimentos dominantes".

Não obstante, Mill não se satisfaz com o conceito negativo de liberdade. A originalidade de seu ensaio reside, sobretudo, no fato de que – para dizer explicitamente – alarga o antigo conceito liberal de liberdade. O ensaio *A Liberdade* é escrito em um momento em que alguns elementos da sociedade do século XIX parecem suficientemente importantes para se reconsiderar o conceito de liberdade. As antigas teorias sobre a liberdade são, a partir de então, consideradas ultrapassadas e falhas porque se recusam a examinar as mudanças que estão ocorrendo na Europa do século XIX. Na maioria de seus escritos sociopolíticos e, sobretudo, em *A Liberdade*, Mill se mostra preocupado com o avanço inexorável do conformismo social na Europa moderna. A leitura de *A democracia na América*, de Alexis de Tocqueville, de uma parte, e suas observações acerca das sociedades européias, de outra, nutrem seu temor de que o desenvolvimento inevitável da igualdade social e do governo da opinião pública imponha à humanidade o jugo insuportável de uma opinião e de uma prática uniformes.

O desenvolvimento de uma sociedade de massa, com seu igualitarismo extremo e seu forte senso de conformismo, conduz John Stuart Mill a repensar o problema da liberdade. As mudanças que progressivamente ocorrem na sociedade moderna são suscetíveis a uma situação em que "... o estágio de progresso em que entram atualmente os grupos mais civilizados da espécie humana apresenta-se sob novas condições, exigindo-se um tratamento diverso e mais fundamental". Ele continua, então (na introdução de *A Liberdade*), a explicar o que são estas novas condições e por que obrigam a reconsiderar o problema da liberdade. Em seguida esboça a longa história da "luta entre a liberdade e a autoridade" e indica que a "tirania da maioria" que se opera nos governos democráticos é reconhecida ao mesmo tempo na teoria e na prática como um entrave à liberdade – e um entrave muito perigoso. Mas o que somente uma minoria intelectual sabe é que a tirania da maioria não tem suas ações limitadas pelo governo e que, na Inglaterra, especialmente, o perigo a ser temido não vem mais do governante, mas, antes, do peso dos preconceitos ou do "jugo da opinião".

Assim, a questão a que Mill deverá responder é saber se o conceito de liberdade "negativa" é adequado ao novo contexto em que a sociedade age como massa. Sob certos aspectos a adequação é possível: uma parte da análise do fenômeno da tirania da opinião pública o demonstra. Em sua resposta ao problema da tirania da maioria, Mill está em parte interessado simplesmente na coerção direta que a sociedade exerce sobre o indivíduo, isto é, nas regras morais apoiadas pelas penalidades e sanções. *A Liberdade* é dirigido mais precisamente contra uma parte da tirania social que provém da ética social opressiva da classe média vitoriana, em que a intolerância é reforçada por teorias e projetos de diversos reformadores sociais e religiosos.

A tirania da maioria envolve dois fenômenos essenciais: uma timidez intelectual em um espírito ativo e uma extensão cada vez mais ameaçadora da autoridade da opinião pública. Dois fenômenos que correspondem às expressões "tirania social" e "opressão social", encontradas em *A Liberdade* e que por vezes são qualificadas de ambíguas.

Expressam, certamente, o constrangimento social exterior e a influência indireta, despercebida e interiorizada da moral social reinante. Há um número importante de exemplos em que Mill parece estar interessado nas coerções sociais, como, por exemplo, quando diz: "A sociedade pode executar, e executa, seus próprios mandatos" e "a sociedade tem despendido todos os seus esforços na tentativa (de acordo com seu entendimento) de compelir as pessoas a conformarem-se ao que considera noções de excelência tanto pessoal como social"; ou quando fala do constrangimento exercido pela opinião pública. Estas frases reconhecem a tirania social como uma ameaça à liberdade, mas contêm uma concepção do constrangimento social análogo ao do constrangimento físico ou legal. Mill está aqui a um passo de utilizar o conceito de liberdade em seu sentido negativo, sinônimo de ausência de obstáculo frente à realização dos desejos.

Entretanto, o sentido negativo é, por si mesmo, insuficiente para dar uma definição completa da liberdade e adequada às sociedades modernas nas quais a coerção é, no mais das vezes, invisível e "inconsciente". Ao sentido negativo Mill adiciona um sentido positivo, em que o determinante da liberdade não é a ausência de constrangimentos exteriores, mas a qualidade da pessoa mesma, da origem de suas opiniões e de seus desejos. Este é, precisamente, o sentido da liberdade – a liberdade como *autodeterminação* – que Mill tem em mente quando trata da idéia de "individualidade" no capítulo III de *A Liberdade*. Como já sublinhamos a dupla concepção de liberdade e não a pretendemos retomar aqui de maneira mais explícita, esta análise pretende demonstrar que Mill já era consciente de que a liberdade negativa não ofereceria mais que uma definição parcial e incompleta da liberdade.

Nesse sentido, o pensamento moral e político de Mill demonstra que os homens são o que podem ser. O que ele considera como mais fundamental na natureza humana é a possibilidade de escolha e, correlativamente, a possibilidade de ser diferente. Sendo assim, segundo Mill, uma das características mais importantes da excelência humana é sua individualidade, ou sua capacidade de ser autônomo e somente a noção de individualidade não define a concepção de homem. O homem perfeitamente desenvolvido também tem outras qualidades, mas a individualidade é a qualidade fundamental, porque é ao mesmo tempo, a condição principal e o ingrediente mais vital da personalidade perfeitamente desenvolvida.

No capítulo II de *A Liberdade*, intitulado "Da liberdade de pensamento e discussão", Mill adverte seus leitores: "... aqueles para quem nada do que vá dizer seja novidade poderão desculpar-me, conforme espero, se me aventuro a discutir uma vez mais um assunto que durante os últimos três séculos tantas vezes foi discutido." Um século e meio depois de Mill, as possibilidades de análise desse capítulo não estão esgotadas e seus temas ainda são dotados de uma atualidade impressionante. Se o tema da liberdade de pensamento, ao qual está indissoluvelmente ligada a liberdade de falar e de escrever, é em si familiar ao público depois de séculos, a abordagem que Mill realiza é inteiramente nova, seja por sua fundamentação, seja por suas conclusões.

Em primeiro lugar, o contexto é diferente. A defesa do princípio da livre discussão, no segundo capítulo de *A Liberdade*, não é de ordem "tática", uma defesa para combater, por exemplo, o despotismo político; esta defesa é de ordem "estratégica". Onde seus predecessores, diz Mill, fazem referência ao princípio da liberdade de expressão como uma segurança contra "os governos corruptos e tirânicos", ele o evoca e defende em todas as circunstâncias, sob todos os governos, tanto os melhores quanto os piores. Sobre esse ponto, Mill se distingue implicitamente dos utilitaristas da geração que o precede: "Suponhamos", escreve Mill, "que o governo esteja inteiramente de acordo com o povo e nunca pense em exercer nenhum poder de coerção, a não ser em concordância com o que julga ser a voz do povo." Este poder, mesmo nestas condições, é também "ilegítimo" e tão ou mais "... nocivo quando exercido em conformidade com a opinião pública do que quando em oposição a ela".

Além disso, os argumentos são novos. Se o homem é *falível*, toda censura a opiniões contrárias é uma pretensão de *infalibilidade*. A discussão, neste sentido, não pode ter outro limite que a ausência de parecer contrário, e aqueles que procuram defender crenças e idéias deveriam estar abertos à discussão, a fim de verificar sua autenticidade.

Por último, as conseqüências são também diferentes. Os fundamentos da liberdade de expressão são, para Mill, inseparáveis dos fundamentos das outras liberdades fundamentais, notadamente a liberdade de ação ou o direito à individualidade, que compõe o princípio da liberdade humana. "Tais fundamentos, quando entendidos corretamente, prestam-se a uma aplicação bastante ampla, não se restringindo a uma única divisão do assunto, e por isso se verificará que uma consideração direta dessa parte da questão constitui a melhor introdução ao restante."

Mas será que a busca da verdade é incompatível com a preservação da individualidade ou contraditória a ela? A leitura de *A Liberdade* nos mostra que, ao contrário, a busca da verdade e a busca da individualidade são indissociáveis. Elas constituem os dois ramos de um mesmo tronco, o princípio da liberdade.

Antes de apontar algumas críticas a Mill quanto à consistência da defesa da liberdade de expressão e à validade de seus argumentos, exporei os argumentos que alicerçam a defesa da liberdade de pensamento e discussão, no capítulo II de *A Liberdade*. A conclusão é a célebre fórmula: "Se todos os homens menos um partilhassem a mesma opinião, e apenas uma única pessoa fosse de opinião contrária, a humanidade não teria mais legitimidade em silenciar esta única pessoa do que ela, se poder tivesse, em silenciar a humanidade." Apresento, agora, algumas razões que justificam esta conclusão ultraliberal de Mill.

À primeira vista os argumentos utilizados por Mill para defender a liberdade de expressão são simples. Ele próprio os resume da seguinte forma: "Nunca podemos ter certeza de que seja falsa a opinião a qual tentamos sufocar; e, se tivéssemos certeza, sufocá-la seria, ainda assim, um mal." Se procedermos a uma avaliação de como esses argumentos são desenvolvidos, descobriremos que o resumo elaborado por Mill é muito simplificado.

Um desses argumentos fundamentais está baseado na noção de *falibilidade* humana. "Em primeiro lugar, a opinião que a autoridade tenta suprimir talvez possa ser verdadeira. Certamente os que desejam suprimi-la negam-lhe verdade, embora eles mesmos não sejam infalíveis." A escolha do argumento da falibilidade para abrir a defesa da liberdade de expressão não é ao acaso. Há, pelo menos, duas razões principais. A primeira é que todos os homens reconhecem sem dificuldade que são, por natureza, falíveis. A segunda é que esta evidência faz com que o homem seja "... capaz de retificar seus erros pela discussão e experiência. Não apenas pela experiência". Mill não poderia encontrar melhor suporte para sua defesa da liberdade de discussão do que este contraste entre o julgamento abstrato e as práticas dos homens.

Reconhecer nossa falibilidade é reconhecer que todas as nossas idéias e crenças são provisórias, que elas estão relacionadas com outras, e que a única maneira de verificar se as nossas opiniões são verdadeiras é assegurando que nenhuma opinião contrária tenha sido negligenciada. Reconhecer nossa falibilidade é reconhecer que não existe base racional que justifique a censura de opiniões dissidentes, que é possível que estas opiniões sejam verdadeiras e que as nossas sejam falsas, e se este for o caso, o que é mais provável, teremos perdido os benefícios desta verdade eliminada.

O fato de que um grupo de indivíduos, que uma sociedade inteira, ou mesmo uma época, compartilhe uma opinião não prova de modo algum que essa opinião é verdadeira. O número de adesões a uma opinião não é, para Mill, critério de verdade. Ao contrário, a história nos ensina que as idéias mais resistentes, as que tiveram maior impacto sobre o progresso da humanidade, foram idéias de indivíduos dissidentes e perseguidos.

A esse respeito, Mill seleciona três exemplos representativos: o primeiro é do domínio da razão ou da filosofia. O segundo é do domínio da fé ou da religião. E, enfim, o terceiro é do domínio do governo ou da política. Para o primeiro exemplo ele escolhe a condenação de Sócrates, "esse reconhecido mestre de todos os eminentes pensadores que viveram desde então", que foi chamado de corruptor da juventude e condenado à morte por seus concidadãos por impiedade e imoralidade. Para o segundo, ele cita o exemplo de Jesus Cristo, "... que deixou na memória dos que testemunharam sua vida e com ele conviveram tal impressão de sua grandeza moral que nos 18 séculos subseqüentes lhe prestaram homenagens como o Todo-Poderoso em pessoa ...". Mill ainda diz que Jesus foi morto de maneira ignominiosa e chamado de blasfemador. Finalmente, no terceiro exemplo Mill cita o imperador Marco Aurélio, "o monarca absoluto de todo o mundo civilizado, que conservou durante sua vida não apenas a mais irrepreensível justiça, mas – o que era menos de esperar, em virtude de sua educação estóica – o mais terno coração". Contudo, foi este homem, o mais sensato de todos os políticos de seu tempo, quem perseguiu o cristianismo e foi considerado destruidor dos laços sociais.

Esses três exemplos visam demonstrar que nem a sabedoria de um político (o caso de Marco Aurélio), nem o julgamento unânime da elite intelectual (o caso da condenação de Sócrates), nem a popularidade de um valor moral (o caso da morte de Jesus) podem ser garantias seguras o suficiente para censurar novas idéias e novos valores, ou provar que estão errados. A única garantia eficaz para esse fim é a discussão livre e absoluta. Uma discussão que deve ir além da seita, do partido, do país e da época.

Esse argumento em favor da liberdade de discussão contém, como acabamos de ver, duas partes. A primeira se funda sobre um princípio puramente lógico: "Todo silêncio que se impõe à discussão equivale à presunção de infalibilidade." O segundo é muito mais concreto. Além dos três exemplos representativos da perseguição de idéias e valores nos quais a contribuição ao progresso geral da humanidade tem de ser considerada (Sócrates, Jesus Cristo e Marco Aurélio), Mill também tem a história intelectual da Europa por testemunho. As duas partes do argumento têm, portanto, não só o objetivo de mostrar os equívocos a que estaremos sujeitos se recusarmos tolerar a liberdade de discussão, ou se não reconhecermos a verdade, mas afirma que, se o fizermos, estaremos recusando também a possibilidade de que nossas opiniões possam ser verificadas e corrigidas.

Autonomia

Quais são as características da "autonomia" individual? Um parágrafo do terceiro capítulo de *A Liberdade* certamente oferece um mapeamento dessas características e da filosofia acerca da vida humana como seu pano de fundo.

O termo "autonomia" não aparece em nenhuma parte do parágrafo citado nem no resto do ensaio *A Liberdade*. No entanto, Mill utiliza este termo em uma carta que escreve à Emile Acollas em 20 de setembro de 1871, carta na qual explica o objeto de *A Liberdade*. Mill fala de potentes "faculdades" como matéria bruta da natureza humana, de indivíduos que são úteis às experiências históricas por sua interpretação e aplicação às mais diversas situações e a seu próprio caráter. Fala, também, de "homens de gênio", "enérgicos" e "originais", de individualidades "desenvolvidas", "espontâneas", "fortes", "ricas e diversificadas", daqueles que alcançam "a maior plenitude" em suas existências e que representam uma "potência em si". Do mesmo modo, ele opõe a "atmosfera da liberdade" ao "despotismo do costume", e as pessoas "intelectualmente ativas" à "mediocridade coletiva", bem como "o imbecil satisfeito" ao "Sócrates insatisfeito". Melhor ainda, Mill define a individualidade como "um dos principais ingredientes da felicidade humana" e, também, "do progresso individual e social".

A *autonomia* é um conceito que engloba e explica todas essas descrições psicossociológicas da pessoa ativa. Se for necessário encontrar um sinônimo em *A Liberdade*, este será a "individualidade", com a condição, entretanto, de que esta compreenda a sua noção abstrata, a individualidade como expressão de escolha livre e pessoal, não importando a natureza dessas escolhas, desde que sejam conscientes e voluntárias. Assim, se o "imbecil" escolher uma vida diferente da de Sócrates, se ele escolher fazer uma experiência simplesmente mundana da vida, terá demonstrado a *individuali-*

dade, da mesma maneira que Sócrates, cuja vida foi devotada à pura contemplação filosófica. A liberdade do tolo é uma liberdade passiva e essencialmente egoísta, enquanto a de Sócrates é, essencialmente, uma liberdade ativa. Este é o sentido da afirmação de Mill em *Utilitarismo*, que é utilizada geralmente e injustamente taxada de elitista: "... é melhor ser Sócrates insatisfeito do que um tolo satisfeito."

Alguns intérpretes pensam, entretanto, que o Mill de *A Liberdade* não defende a individualidade enquanto tal, mas uma individualidade particular, na qual as escolhas e os desejos são racionalmente direcionados. Em outras palavras, a individualidade de uma elite intelectual. Se o sentido desta crítica designar a preferência em John Stuart Mill por uma individualidade instruída, informada, crítica e racional, em detrimento daquilo que, tendo adquirido um *minimum* de conhecimento, decide por se conter ou aderir a um diferente modo de vida, é difícil que se afirme o oposto. Por outro lado, se esta interpretação significa que Mill não reconhece a individualidade para quem o pensamento é uma profissão, nada em *A Liberdade* pode servir como prova. Estas críticas tiveram, no entanto, o mérito de apontar uma ambigüidade na definição de individualidade. É verdade que no terceiro capítulo de *A Liberdade* se percebe uma alternância constante entre duas definições de individualidade. Às vezes, ao defender a individualidade, Mill parece preferir a que, a seus olhos, seja a melhor. Outras vezes, defende a individualidade como *princípio fundamental* da existência humana, ou seja, como um componente essencial da definição do ser humano enquanto tal. A este respeito, compreendo que o uso do termo *autonomia* signifique exclusivamente *individualidade-princípio*, o que evita esta confusão.

Como, então, a autonomia, ou a individualidade como princípio, é um componente essencial da identidade humana? Para compreender esta questão, é preciso que se tenha em vista duas concepções de autonomia: a primeira como uma *autonomia ativa* e a segunda como *autonomia qualitativa*.

Fazer algo é, nos diz Mill, utilizar a "observação para ver, o raciocínio e o juízo para prever, a atividade para coletar materiais para a decisão, o discernimento para decidir e, uma vez que decide, a firmeza e o autocontrole para manter a decisão deliberada". É necessário ressaltar que a utilização perfeita de todas essas faculdades pressupõe três condições fundamentais: a primeira concerne à racionalidade do comportamento individual; a segunda, à liberdade da vontade; e a terceira, à informação de que se dispõe no momento de sua decisão.

A racionalidade deve ser entendida segundo seu sentido mais amplo. Algo é racional somente quando é resultado de uma preferência pessoal, pouco importando as razões que determinam essas preferências. A reflexão filosófica e o cálculo puramente científico são razões também válidas para justificar a racionalidade de uma escolha a respeito de uma crença religiosa, a manutenção de uma promessa ou, simplesmente, a satisfação de um desejo.

Assim, ao mesmo tempo em que admira a sabedoria de Sócrates, o rigor científico de Newton, e que faz da liberação da mulher uma das principais causas às quais consagra sua vida, Mill reconhece a sociedade poligâmica dos mórmons e a defende contra toda interferência exterior.

> É difícil ver segundo quais princípios, senão os da tirania, será possível impedi-los de lá viver sob as leis que lhes agradam, contanto que não cometam nenhuma agressão contra outras nações e permitam inteira liberdade para se retirar aos que não estiverem satisfeitos com seus modos de vida.

No caso da pessoa tentando atravessar uma ponte que é sabidamente insegura, Mill assinala que "... liberdade consiste em fazer o que se deseja, e ninguém deseja cair no rio". Não obstante, quando esta pessoa escolhe cruzar a ponte, pelo gosto do perigo, por exemplo, só ela mesma pode "julgar a suficiência dos motivos" que a fazem expor-se ao risco, com o desenvolvimento para executar tal escolha.

Nesse sentido, o autodirecionamento racional, em *A Liberdade*, não é redutível a uma escala de valores predeterminados ou a uma lógica de análise e de cálculo-padrão. Ele é, preferivelmente, relativizado segundo o ambiente e os dados próprios a cada indivíduo. E isto porque certamente só o indivíduo pode julgar os valores de suas escolhas estritamente pessoais. Quando eles são espontâneos, as escolhas são, então, racionais, isso se forem reflexivas: não somente porque são resultantes de uma preferência individual, mas também pelo fato de que a individualidade introduz a reflexividade. Os erros que a espontaneidade poderia ocasionar estão no trunfo essencial ao desenvolvimento e ao amadurecimento da experiência individual, social e mesmo humana. Constatando-se a má e a boa conseqüência da espontaneidade de suas escolhas, o indivíduo torna-se mais e mais calculador, passando a reduzir conscientemente a parte má por argumentar acerca da boa conseqüência.

Assim, o autodirecionamento racional, para Mill, não é, pois, um método, um dogma ou uma escala de valores, variáveis a todo instante. É um processo de experiências espontâneas por meio das quais as faculdades de observar, de raciocinar, de comparar, de julgar, de informar-se, de discernir e de decidir, cada uma sendo exercida de maneira diferente e se desenvolvendo livremente, possibilitam ao indivíduo fixar amplamente sua adesão à cultura e às morais sociais e permitem adquirir uma autonomia intelectual e moral que transforma sua mórbida passividade em uma atividade criativa.

A segunda condição é a liberdade da vontade do indivíduo. Um dos méritos desta condição é que ela permite definir mais detalhadamente o que Mill entende por *espontaneidade individual* ou racionalidade da escolha. De fato, se o objetivo da espontaneidade é somente criar ou produzir, ele poderia ser alcançado, e talvez mais rapidamente, pela coerção, ameaça ou influência. Assim, por exemplo, os cientistas poderiam, sob ameaça, trabalhar para descobrir novas armas, e mais terríveis. Os trabalhadores ameaçados de demissão poderiam multiplicar suas taxas de produtividade ou inovar em algum domínio do trabalho. Pior ainda, um tirano poderia, auxiliado pela ameaça e a desinformação, controlar o espírito de todo um povo, se se fizer passar por um herói revolucionário ou se provocar a formação de uma elite de "livres-pensadores" que passe a defender com ardor seus interesses e cultive sua imagem de herói infalível.

Os Estados democráticos não são imunizados contra uma tal derivação. Além disso, Mill não adverte a transformação da burocracia democrática demasiado devotada à organização em uma "pedantocracia"? (Mill utiliza o conceito "*pédantocratie*" pela primeira vez em uma carta dirigida a Auguste Comte, datada de 25 de fevereiro de 1842.) Ainda segundo Mill,

> Um Estado que torne os homens anões, a fim de que possam ser nas suas mãos instrumentos mais dóceis de seus projetos (mesmo para propósitos benéficos), descobrirá que não é possível fazer coisas grandes com homens pequenos, e que a perfeição da máquina a que sacrificou tudo afinal não lhe servirá de nada, por faltar-lhe o poder vital que preferiu pôr de lado para tornar mais suave o funcionamento da máquina.

Entretanto, a coerção não é só um fator que diminui a liberdade de escolha. Há também a influência nefasta de outros fatores exteriores ao agente mesmo, como a droga ou o álcool. Estes fatores fazem o sujeito autônomo perder todo senso de responsabilidade e privando-o, conseqüentemente, de seu direito à liberdade, desde que a liberdade de escolha individual se justifique em primeiro lugar pelo fato de que a responsabilidade de sua escolha recai inteiramente –

ou pelo menos em sua maior parte – sobre seu autor. O indivíduo perde seu direito à *autonomia* desde o instante em que perde o controle de suas faculdades de "observar, de discernir, de julgar, de decidir, de firmeza e de autocontrole". Este tipo de indivíduo é compreendido segundo a categoria de "... criança, de um desvairado, ou de alguém que esteja em um estado de excitação ou absorção incompatível com o pleno uso da faculdade reflexiva", que o Estado deve impedir, por todos os meios, de vir a causar acidentes.

Há, também, um terceiro fator, psicológico, inerente ao agente, e que pode, em grande parte, considerar-se uma conseqüência do fator precedente. Estes são, por exemplo, os estados de depressão, de fortes impulsos e de desejos ardentes, os estados de obsessões neuróticas e, mais comumente, as simples excitações emocionais, como a cólera. Esses estados não são, evidentemente, adequados aos critérios de racionalidade. Eles não são comportamentos voluntários que expressem uma preferência individual. Eles são, antes, reações incontroladas em resposta a estímulos de ordem psíquica ou fisiológica, que correm o risco, na ausência de controle externo, de causar sérios danos aos demais com suas ações inconscientes.

Além dessas duas condições da autonomia ativa, a racionalidade e a liberdade de escolha, há uma terceira que devemos sublinhar. De fato, o indivíduo realmente autônomo deve ser suficientemente informado, consciente da natureza de sua escolha, das razões que a determinam, de suas conseqüências, bem como de todas as outras escolhas que não tenham sido objeto de opção. No capítulo "Da liberdade de pensamento e discussão", Mill escreve:

> O homem que conhece apenas o seu lado da questão não sabe muita coisa ... se for igualmente incapaz de refutar as razões do lado contrário, se não estiver em condições de saber o que são, não possui fundamentos para preferir uma opinião à outra. A suspensão do juízo seria, nesse caso, a única posição racional e, a não ser que se satisfaça com isso, ou bem se deixa conduzir pela autoridade, ou bem adota, como o mundo inteiro, o lado por que sente mais inclinação.

Se adicionarmos a esta afirmação o exame presente no capítulo III " ... se as mesmas razões ... [que mostram] que os homens sejam livres para agir de acordo com suas opiniões – para pô-las em prática em suas vidas –, sem impedimentos físicos ou morais por parte de seus semelhantes ...", constatar-se-á, então, o quanto Mill agrega à importância dos ideais e aos modos de vida construtivos aquelas que são registradas nas histórias das idéias e das experiências humanas e não à parte delas.

A originalidade do gênio, virtude suprema da individualidade segundo Mill, é uma qualidade distintiva daquelas que começam por se instruir a partir das idéias e das experiências dos outros, que se esforçam para os compreender, comparando-os, criticando-os e desenvolvendo-os e, finalmente, para inventar idéias e modos novos de vida a que a história humana deve seu progresso.

Racionalidade, livre e informada, e a *autonomia* tornam-se uma fonte inesgotável de felicidade. O indivíduo, sem faltar aos deveres exigidos que a vida em sociedade lhe impõe, conserva seu direito a uma vida privada, um domínio no qual é o único a conceber e a julgar.

Para precisar a excentricidade de sua *qualidade* de sujeito autônomo é preciso, com efeito, uma potência de espírito excepcional de que só os indivíduos *originais* e inteligentes são capazes. É um estado de espírito no qual o sujeito é incessantemente consciente de seu status superior; consciente do fato de que ele é um ser ao mesmo tempo social e individual, determinado e de vontade livre, herdeiro de seu passado, responsável no presente e criador do futuro. É o que chamo de *autonomia-qualidade*. Ela não é somente um direito que o sujeito reivindica para escapar ao controle da autoridade; é, também, no sentido profundo que compreende Mill, uma responsabilidade moral.

Seleção de textos

O objeto deste ensaio é defender um princípio muito simples, capaz de reger absolutamente as relações da sociedade com o indivíduo no que se refere à compulsão e ao controle, quer os meios utilizados sejam os da força física sob a forma de penalidades legais, quer seja a coerção moral da opinião pública. Este princípio consiste em que a única finalidade pela qual se garante à humanidade, individual ou coletivamente, interferir na liberdade de ação de qualquer um de seus membros é a autoproteção. (*A Liberdade*, p.17.)

O fato de viver em sociedade torna indispensável que cada um esteja obrigado a observar uma certa linha de conduta para com os demais. Essa conduta consiste, primeiro, em não prejudicar os interesses uns dos outros ou, antes, certos interesses, que devem ser considerados, seja por expresso dispositivo legal, seja por acordo tácito, como direitos; e, segundo, em cada um arcar com sua parte (a ser fixada de acordo com algum princípio eqüitativo) nos esforços e sacrifícios necessários para a defesa da sociedade ou de seus membros contra o dano e o molestamento. É justificável que a sociedade imponha essas condições, mesmo à custa dos que se recusam a cumpri-las. Isso, porém, não é tudo o que é permitido à sociedade fazer. Os atos de um indivíduo podem ser prejudiciais a outros, ou carecer da devida consideração por seu bem-estar, sem, no entanto, chegar a ponto de violar algum dos seus direitos constituídos. Nesse caso o ofensor pode, com justiça, ser punido pela opinião, embora não pela lei. Tão logo qualquer parte da conduta de alguém influencia de modo prejudicial os interesses de outros, a sociedade adquire jurisdição sobre tal conduta e a questão de saber se essa interferência favorecerá ou não o bem-estar geral se abre à discussão. Mas não há espaço para cogitar dessa questão quando a conduta de uma pessoa não afeta senão os próprios interesses, ou não afeta os interesses dos outros se eles assim não o quiserem (todas as pessoas envolvidas tendo atingido a maturidade gozando do grau extraordinário de discernimento). Em todos esses casos, deveria haver perfeita liberdade, legal e social, de praticar as ações e assumir as conseqüências. (*A Liberdade*, p.115-16.)

A sociedade possui sobre eles um poder absoluto durante a fase inicial de sua existência, possui o período inteiro de sua infância e adolescência para tratar de torná-los capazes de se conduzir racionalmente ao longo de sua vida. ... Se a sociedade permite que um número considerável de seus membros cresça como meras crianças, incapazes de ser influenciadas pela consideração racional de motivos remotos, é a sociedade que precisa se censurar pelas conseqüências. (*A Liberdade*, p.126.)

"A finalidade do homem, não a que é sugerida pelos vagos e efêmeros desejos, mas a que lhe é prescrita pelos eternos e imutáveis ditames da razão, consiste no mais elevado e harmonioso desenvolvimento de seus poderes num conjunto completo e coerente"; portanto, o fim "para o qual todos os seres humanos devem incessantemente dirigir seus esforços, e o qual devem sempre manter em vista, sobretudo os que têm o desígnio de influenciar seus semelhantes, é a individualidade do poder e do desenvolvimento". Para tanto, existem dois requisitos, "liberdade e variedade de situações", de cuja união emerge "o vigor individual e a múltipla diversidade", que se combinam para produzir a "originalidade". (*A Liberdade*, p.88.)

Em primeiro lugar, uma opinião reduzida ao silêncio pode, pelo menos nos é dado a conhecer com certeza, ser verdadeira. Negá-lo é afirmar nossa própria infalibilidade. Em segundo lugar, embora a opinião silenciada seja um erro, pode conter, e muito comumente contém, uma parcela de verdade; e como raras vezes ou nunca a opinião geral ou dominante sobre um assunto qualquer constitui a verdade inteira, é apenas pelo choque de opiniões adversas que o resíduo da verdade tem alguma possibilidade de se produzir. Em terceiro lugar, mesmo se a opinião recebida for não apenas verdadeira, como ainda a verdade toda, a menos que se permita contestá-la e que realmente seja contestada vigorosa e veementemente, muitos dos que a recebem a professarão como um preconceito, sem compreender ou sentir seus fundamentos racionais. E, em quarto lugar, não apenas isso, mas o significado da própria doutrina correrá o risco de se perder ou enfraquecer, e carecer de seu efeito vital sobre o caráter e a conduta: o dogma se torna simplesmente uma manifestação formal, ineficaz para promover o bem, mas que tolhe o fundamento, impede o crescimento de qualquer convicção real e sincera, seja oriunda da razão, seja da experiência pessoal. (*A Liberdade*, p.80-1.)

Cronologia

1806 Nasce em 20 de maio, em Londres, John Stuart Mill, o filho mais velho de James Mill.

1809-1820 Recebe em casa a educação que seu pai acredita ser a melhor; inicia o estudo da língua grega aos 3 anos.

1821-1822 Encerra o seu estudo do benthamismo; começa a escrever para jornais radicais.

1823 Começa a trabalhar na East India Company.

1826 Sofre de uma crise existencial (*mental crisis*) e inicia seu progressivo afastamento da velha geração de utilitaristas.

1830 Conhece Harriet Taylor, mulher de John Taylor.

1836 Funda e edita, até 1840, a *London and Westminster Review*. Revisa o primeiro volume da obra de Tocqueville *A democracia na América*.

1836 Morre James Mill.

1840 Revisa o segundo volume de *A democracia na América*.

1843 Publica *Sistema de lógica dedutiva e indutiva*.

1848 Publica *Princípios da economia política*.

1849 Morre John Taylor, marido de Harriet Taylor.

1851 Casa-se com Harriet Taylor.

1854 Inicia a elaboração de *A Liberdade.*

1858 Retira-se da East India Company, em setembro; Harriet morre em novembro, em Avignon, na França.

1859 O texto *A Liberdade* é publicado.

1861 Publica *Considerações sobre o governo representativo.*

1865 Elege-se para o Parlamento britânico, representando Westminster.

1868 Perde a vaga no Parlamento.

1869 Publica *A sujeição das mulheres.*

1873 Morre em 7 de maio em Avignon. Sua biografia será publicada postumamente.

1870 A obra *Capítulos sobre o socialismo* é publicada na *Fortnightly Review.*

Leituras recomendadas

As obras completas de John Stuart Mill (*The Collected Works of John Stuart Mill*) já se encontram disponíveis na web desde fevereiro de 2006: disponível em http://oll.libertyfund.org/Home3/Set.php?recordID=0223. O texto disponibilizado é confiável, sendo fidedigno à edição autorizada e que representa o trabalho realizado por John M. Robson, o editor responsável pelo trabalho de seleção, organização e publicação dos textos de Mill. O leitor que cotejar os textos publicados em livros e os disponibilizados na web terá como resultado a constatação do zelo com que o material foi tratado.

Mill, John Stuart. *A Liberdade — Utilitarismo*. Trad. Eunice Ostrensky. São Paulo, Martins Fontes, 2000.

Esta edição possui as duas obras mais significativas de Mill para quem deseja compreender seu pensamento ético e político. Contém, ainda, uma introdução de Isaiah Berlin, intérprete de Mill, que apresenta em linhas gerais as contribuições do filósofo ao pensamento político e social. O leitor deve atentar ao fato de que Berlin se utiliza do pensamento de Mill para estabelecer suas próprias idéias, o que é interessante, mas não deve dar a impressão que se está lendo o próprio Mill. Já os textos de *A Liberdade — Utilitarismo*, que em seguida aparecem traduzidos, sendo o segundo a primeira tradução para a língua portuguesa, possibilitarão ao leitor o acesso às concepções de liberdade, utilidade, justiça e felicidade, entre outros temas que permeiam as duas obras.

______. *Autobiografia*. Intro. e trad. Alexandre Braga Massela. São Paulo, Iluminuras, 2007.

A leitura de *Autobiografia* permite compreender o processo educacional de Mill, com destaque para seu pai, James Mill, e seu mestre Jeremy Bentham, o desenvolvimento de suas idéias e a relação amorosa com Harriet Taylor. O estilo da obra, preservada na tradução, possibilitará o acesso a um dos mais elegantes textos autobiográficos.

Crisp, Roger. *Mill on Utilitarianism*. Londres/Nova York: Routledge, 2004.

Roger Crisp é professor em Oxford (St Anne's College) e um dos mais respeitados intérpretes da obra de Mill. Em *Mill on Utilitarianism* Crisp analisa passo a passo a obra *Utilitarismo*. Este texto auxilia a análise de quem deseja um aprofundamento na obra de Mill.

Kymlicka, Will. *Filosofia política contemporânea*. Trad. Luis Carlos Borges. São Paulo, Martins Fontes, 2006.

Professor da Queen's University (Canadá), Kymlicka, apesar de não escrever um livro dedicado ao utilitarismo e ao pensamento de Mill, dá acesso às suas principais idéias por um viés negativo. O leitor poderá, ainda, comparar as idéias de Mill com as principais correntes do pensamento político contemporâneo.

Peluso, Luis Alberto (org.). *Ética e utilitarismo*. Campinas, Alínea, 1998.

Neste livro podem ser encontradas diversas análises do utilitarismo. O autor, um dos poucos estudiosos do utilitarismo no Brasil, com especial dedicação ao pensamento de Bentham, reúne nesta obra um conjunto de especialistas do utilitarismo em geral. A imagem de Bentham na capa do livro não deve enganar o leitor. Trata-se de uma diversidade de textos que ultrapassam a apresentação histórica do utilitarismo, apresentando as mais recentes interpretações de seus autores mais conhecidos.

Sobre o autor

Mauro Cardoso Simões é mestre em filosofia na Pontifícia Universidade Católica de Campinas (PUC-Campinas), doutor em filosofia pela Universidade Estadual de Campinas (Unicamp) e pós-doutor em filosofia pela National University of Singapore. É membro da Sociedade Iberoamericana de Estudos Utilitaristas (Sieu) e do grupo de trabalho de ética da Associação Nacional de Pós-graduação em Filosofia (Anpof). É professor do Centro Universitário Franciscano do Paraná (Unifae), do curso de direito do Centro Universitário de Curitiba (Unicuritiba) e do Estação Business School. Publicou em 2003 *Nietzsche, a escrita e a moral.*

Coleção **PASSO-A-PASSO**

Volumes recentes:

CIÊNCIAS SOCIAIS PASSO-A-PASSO

O negócio do social [40], Joana Angélica Barbosa Garcia

Origens da linguagem [41], Bruna Franchetto e Yonne Leite

Antropologia da criança [57], Clarice Cohn

Patrimônio histórico e cultural [66], Pedro Paulo Funari e Sandra de Cássia Araújo Pelegrini

Antropologia e imagem [68], Andréa Barbosa e Edgar T. da Cunha

Antropologia da política [79], Karina Kuschnir

Sociabilidade urbana [80], Heitor Frúgoli Jr.

Pesquisando em arquivos [82], Celso Castro

Cinema, televisão e história [86], Mônica Almeida Kornis

FILOSOFIA PASSO-A-PASSO

Estética [63], Kathrin H. Rosenfield

Filosofia da natureza [67], Márcia Gonçalves

Hume [69], Leonardo S. Porto

Hannah Arendt [73], Adriano Correia

Schelling [74], Leonardo Alves Vieira

Niilismo [77], Rossano Pecoraro

Kierkegaard [78], Jorge Miranda de Almeida e Alvaro L.M. Valls

Filosofia da biologia [81], Karla Chediak

Ontologia [83], Susana de Castro

John Stuart Mill & a liberdade [84], Mauro Cardoso Simões

Filosofia da história [88], Rossano Pecoraro

Teoria do conhecimento [91], Alberto Oliva

PSICANÁLISE PASSO-A-PASSO

Psicanálise com crianças [75], Teresinha Costa

Feminino/masculino [76], Maria Cristina Poli

Cinema, imagem e psicanálise [85], Tania Rivera

Trauma [87], Ana Maria Rudge

Édipo [89], Teresinha Costa

A psicose [90], Andréa M.C. Guerra

A angústia [92], Sonia Leite

Educação e psicanálise [93], Rinaldo Voltolini

Os outros em Lacan [94], Antonio Quinet

A paixão [95], Marcus André Vieira

Histeria: o caso Dora [96], Nadiá Paulo Ferreira e Marcus Alexandre Motta